AF187474

Impressum
Verlag: BABADADA GmbH, Nedderfeld 112 , 22529 Hamburg
Geschäftsführer / Verlagsleitung: Harald Hof
Druck: Books on Demand GmbH, In de Tarpen 42, 22848 Norderstedt

Imprint
Publisher: BABADADA GmbH, Nedderfeld 112 , 22529 Hamburg, Germany
Managing Director / Publishing direction: Harald Hof
Print: Books on Demand GmbH, In de Tarpen 42, 22848 Norderstedt

escola
school

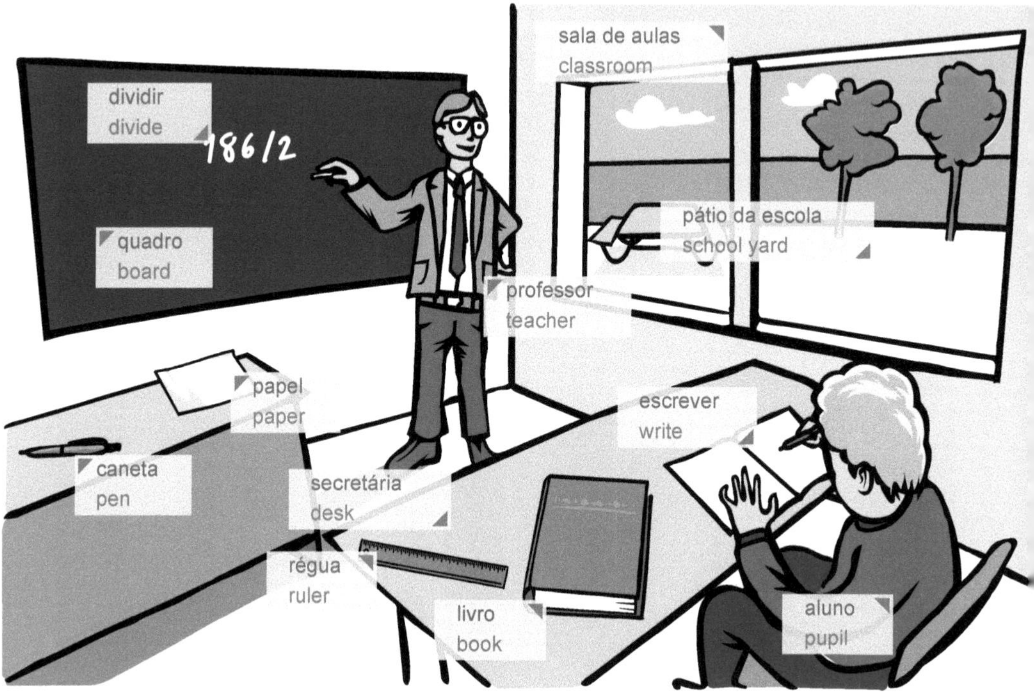

sala de aulas
classroom
dividir
divide
186/2
quadro
board
pátio da escola
school yard
professor
teacher
papel
paper
escrever
write
caneta
pen
secretária
desk
régua
ruler
livro
book
aluno
pupil

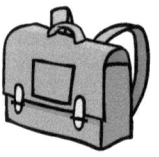

mochila

satchel

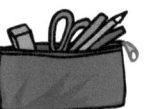

estojo de lápis

pencil case

lápis

pencil

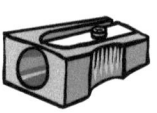

afia-lápis

pencil sharpener

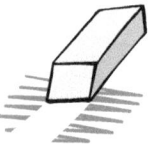

borracha

rubber

bloco de desenho

drawing pad

desenho
drawing

pincel
paintbrush

caixa de tintas
paint box

tesoura
scissors

cola
glue

livro de exercícios
exercise book

trabalhos de casa
homework

número
number

somar
add

subtrair
subtract

multiplicar
multiply

calcular
calculate

letra
letter

alfabeto
alphabet

palavra
word

texto

text

ler

read

giz

chalk

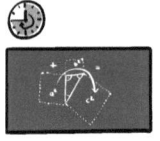

hora

lesson

registo de presenças

register

exame

exam

certificado

certificate

uniforme escolar

school uniform

educação

education

enciclopédia

encyclopedia

universidade

university

microscópio

microscope

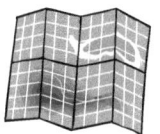

mapa

map

cesto de lixo

waste-paper basket

viagem
travel

hotel
hotel
hostel
hostel
ROOMS
CHANGE
casa de câmbio
bureau de change
mala
suitcase
carro
car

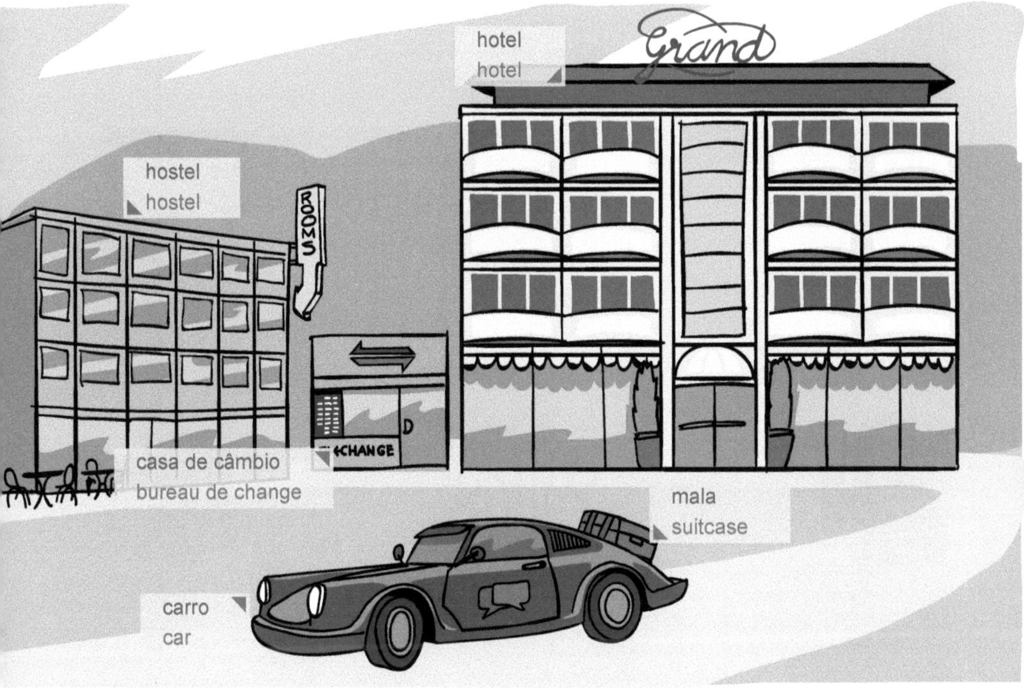

idioma

language

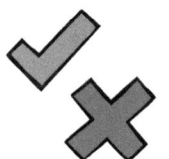

sim / não

yes / no

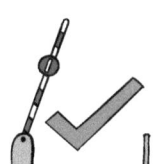

ok / certo / correto

Okay

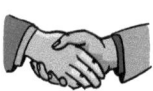

olá

hello

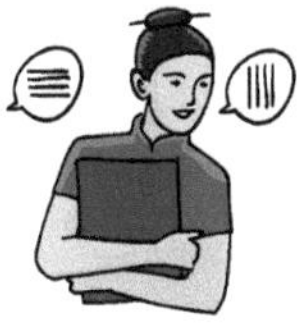

intérprete

translator

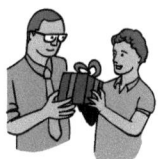

obrigado

Thank you

quanto é que custa... ?

how much is...?

não entendo

I do not understand

problema

problem

boa noite!

Good evening!

Bom dia!

Good morning!

Boa noite!

Good night!

adeus

bye bye

direção

direction

bagagem

luggage

saco

bag

mochila

backpack

convidado

guest

quarto

room

saco-cama

sleeping bag

tenda

tent

informação turística

tourist information

praia

beach

cartão de crédito

credit card

pequeno-almoço

breakfast

almoço

lunch

jantar

dinner

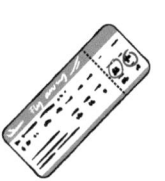

bilhete

ticket

elevador

lift

selo postal

stamp

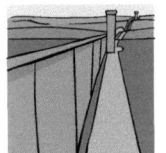

fronteira

border

alfândega

customs

embaixada

embassy

visto

visa

passaporte

passport

transporte
transport

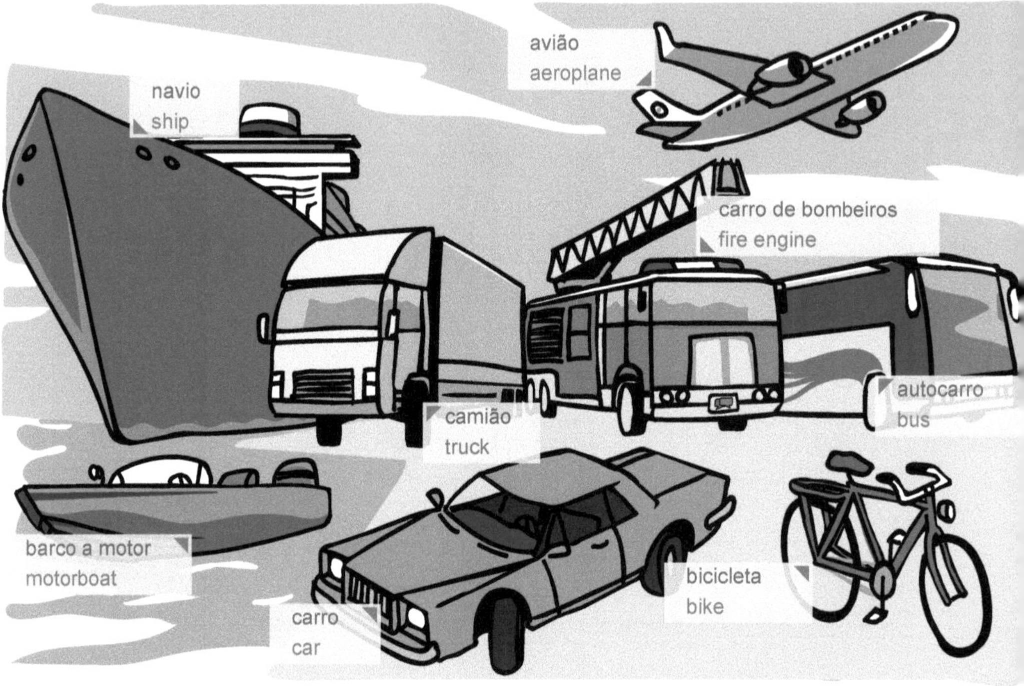

avião
aeroplane
navio
ship
carro de bombeiros
fire engine
autocarro
bus
camião
truck
barco a motor
motorboat
bicicleta
bike
carro
car

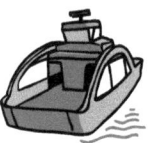

cacilheiro

ferry

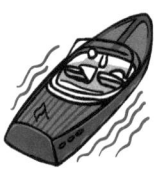

barco

boat

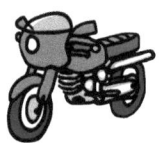

mota

motorbike

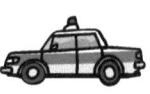

carro de polícia

police car

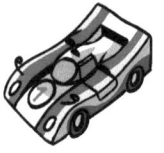

carro de corrida

racing car

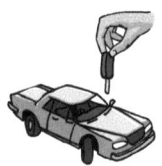

carro alugado

rental car

carsharing

car sharing

camião de reboque

breakdown truck

camião do lixo

refuse truck

motor

motor

combustível

fuel

estação de serviço

petrol station

sinal de trânsito

traffic sign

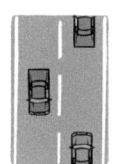

trânsito

traffic

congestionamento de trânsito

traffic jam

parque de estacionamento

car park

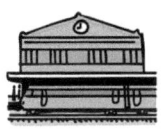

estação ferroviária

train station

carris

tracks

comboio

train

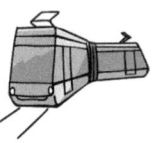

elétrico

tram

carruagem

carriage

helicóptero

helicopter

aeroporto

airport

torre

tower

passageiro

passenger

contentor

container

caixa de papelão

carton

carrinho

cart

cesto

basket

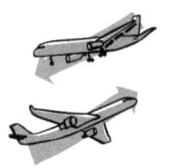

levantar voo / aterrar

take off / land

cidade
city

aldeia

village

centro da cidade

city centre

casa

house

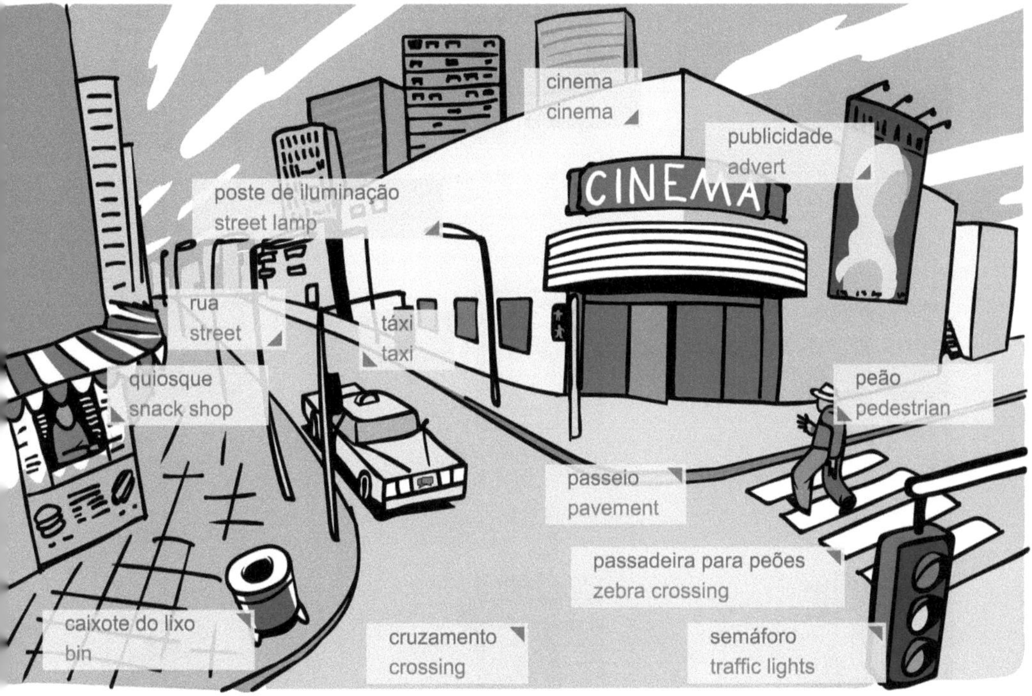

cinema
cinema

publicidade
advert

poste de iluminação
street lamp

CINEMA

rua
street

táxi
taxi

peão
pedestrian

quiosque
snack shop

passeio
pavement

passadeira para peões
zebra crossing

caixote do lixo
bin

cruzamento
crossing

semáforo
traffic lights

cabana

hut

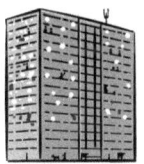

apartamento

flat

estação ferroviária

train station

câmara municipal

town hall

museu

museum

escola

school

cidade - city

universidade
university

banco
bank

hospital
hospital

hotel
hotel

farmácia
pharmacy

escritório
office

livraria
book shop

loja
shop

florista
florist's

supermercado
supermarket

mercado
market

loja de departamentos
department store

peixaria
fishmonger's

centro comercial
shopping centre

porto
harbour

parque

park

banco

bench

ponte

bridge

escadas

stairs

metro

underground

túnel

tunnel

paragem de autocarro

bus stop

bar

bar

restaurante

restaurant

caixa de correio

postbox

sinal de trânsito

street sign

parquímetro

parking meter

jardim zoológico

zoo

piscina

swimming pool

mesquita

mosque

quinta

farm

poluição

pollution

cemitério

graveyard

igreja

church

parque infantil

playground

templo

temple

paisagem
landscape

folha
leaf

placa de sinalização
signpost

caminho
way

prado
meadow

pedra
stone

árvore
tree

caminhantes
hiker

rio
river

relva
grass

flor
flower

vale

valley

montanha

hill

lago

lake

floresta

forest

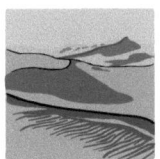

deserto

desert

vulcão

volcano

castelo

castle

arco-íris

rainbow

cogumelo

mushroom

palma

palm tree

mosquito

mosquito

mosca

fly

formiga

ant

abelha

bee

aranha

spider

besouro

beetle

sapo

frog

esquilo

squirrel

ouriço

hedgehog

lebre

hare

coruja

owl

pássaro

bird

cisne

swan

javali

boar

veado

deer

alce

moose

barragem

dam

turbina eólica

wind turbine

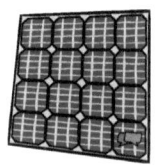

painel solar

solar panel

clima

climate

restaurante
restaurant

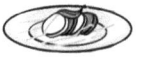

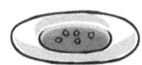

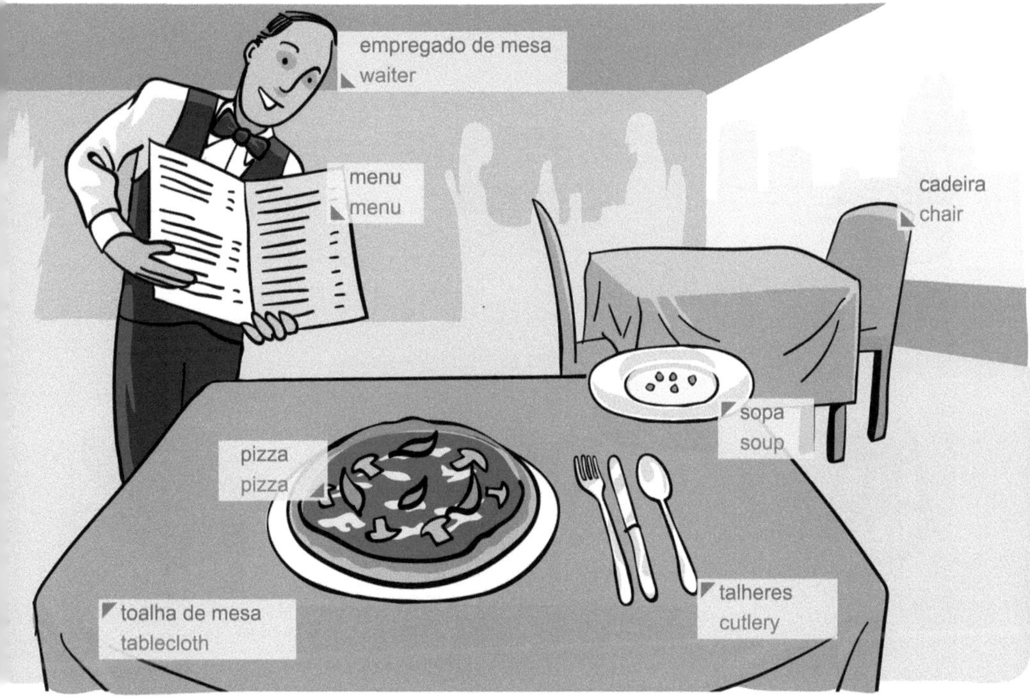
empregado de mesa
waiter
menu
menu
cadeira
chair
sopa
soup
pizza
pizza
talheres
cutlery
toalha de mesa
tablecloth

entrada

starter

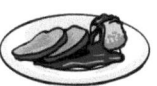

prato principal

main course

sobremesa

dessert

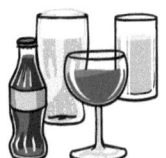

bebidas

drinks

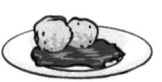

comida

food

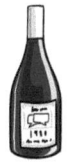

garrafa

bottle

fast food

fast food

comida de rua

street food

bule de chá

teapot

açucareiro

sugar bowl

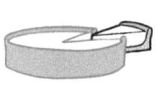

porção

portion

máquina de café expresso

espresso machine

cadeira alta

high chair

conta

bill

bandeja

tray

faca

knife

garfo

fork

colher

spoon

colher de chá

teaspoon

guardanapo

serviette

copo

glass

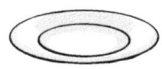

prato

plate

prato de sopa

soup plate

pires

saucer

molho

sauce

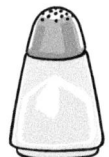

saleiro

salt pot

moinho de pimenta

pepper mill

vinagre

vinegar

óleo

oil

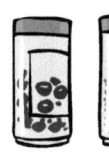

especiarias

spices

ketchup

ketchup

mostarda

mustard

maionese

mayonnaise

supermercado
supermarket

oferta especial
special offer
cliente
customer
FOR
laticínios
dairy
fruta
fruit
carrinho de compras
trolley

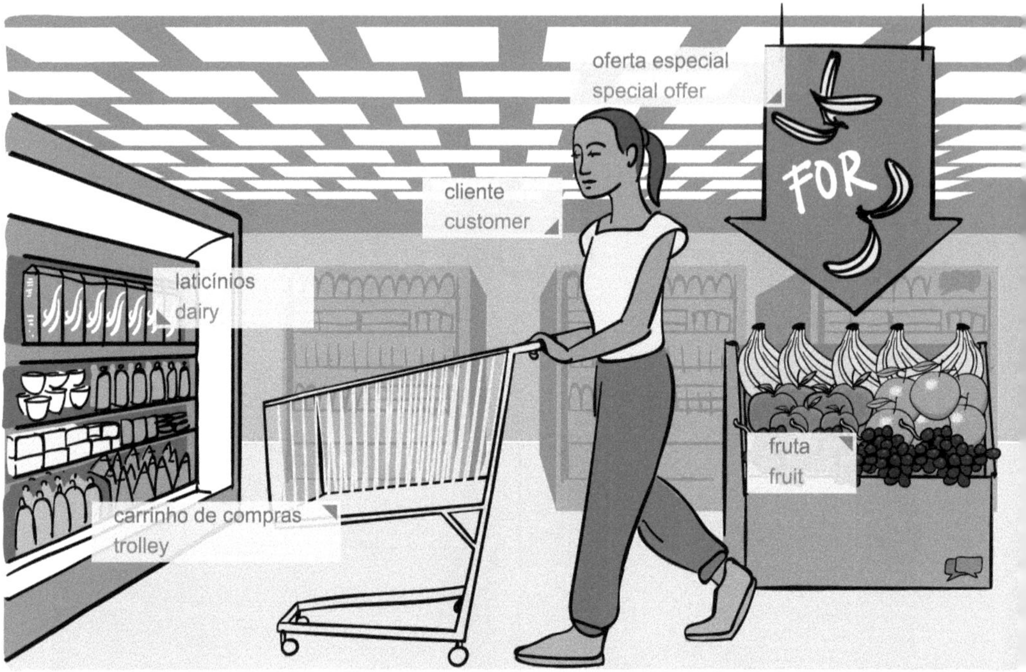

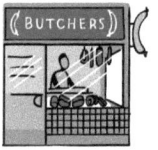

BUTCHERS

talho

butcher´s

BAKERY

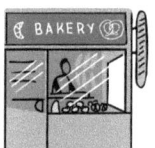

padaria

baker´s

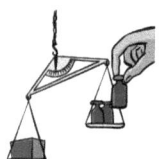

pesar

weigh

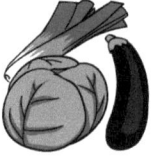

vegetais

vegetables

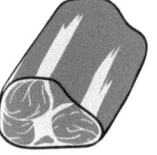

carne

meat

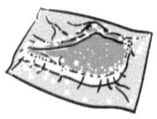

alimentos congelados

frozen food

charcutaria

cold meat

comida enlatada

tinned food

detergente em pó

washing powder

doces

sweets

artigos domésticos

household products

produtos de limpeza

cleaning products

vendedora

salesperson

caixa

till

caixa

cashier

lista de compras

shopping list

horário de funcionamento

opening hours

carteira

wallet

cartão de crédito

credit card

saco

bag

saco de plástico

plastic bag

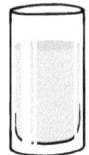

água
water

sumo
juice

leite
milk

coca-cola
coke

vinho
wine

cerveja
beer

álcool
alcohol

cacau
cocoa

chá
tea

café
coffee

café expresso
espresso

capuccino
cappuccino

banana

banana

maçã

apple

laranja

orange

melão

melon

limão

lemon

cenoura

carrot

alho

garlic

bambu

bamboo

cebola

onion

cogumelo

mushroom

nozes

nuts

talharim

noodles

esparguete

spaghetti

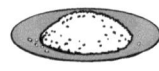

arroz

rice

salada

salad

batatas fritas

chips

batatas fritas

fried potatoes

pizza

pizza

hambúrguer

hamburger

sanduíche

sandwich

bife panado

cutlet

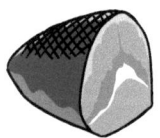

fiambre

ham

salame

salami

salsicha

sausage

galinha

chicken

assado

roast

peixe

fish

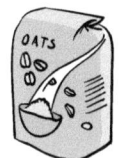

flocos de aveia
porridge oats

muesli
muesli

flocos de milho
cornflakes

farinha
flour

croissant
croissant

carcaça (pãozinho)
bread roll

pão
bread

torrada
toast

biscoitos
biscuits

manteiga
butter

requeijão
curd

bolo
cake

ovo
egg

ovo estrelado
fried egg

queijo
cheese

gelado

ice cream

açúcar

sugar

mel

honey

compota

jam

creme de nougat

chocolate spread

caril

curry

quinta
farm

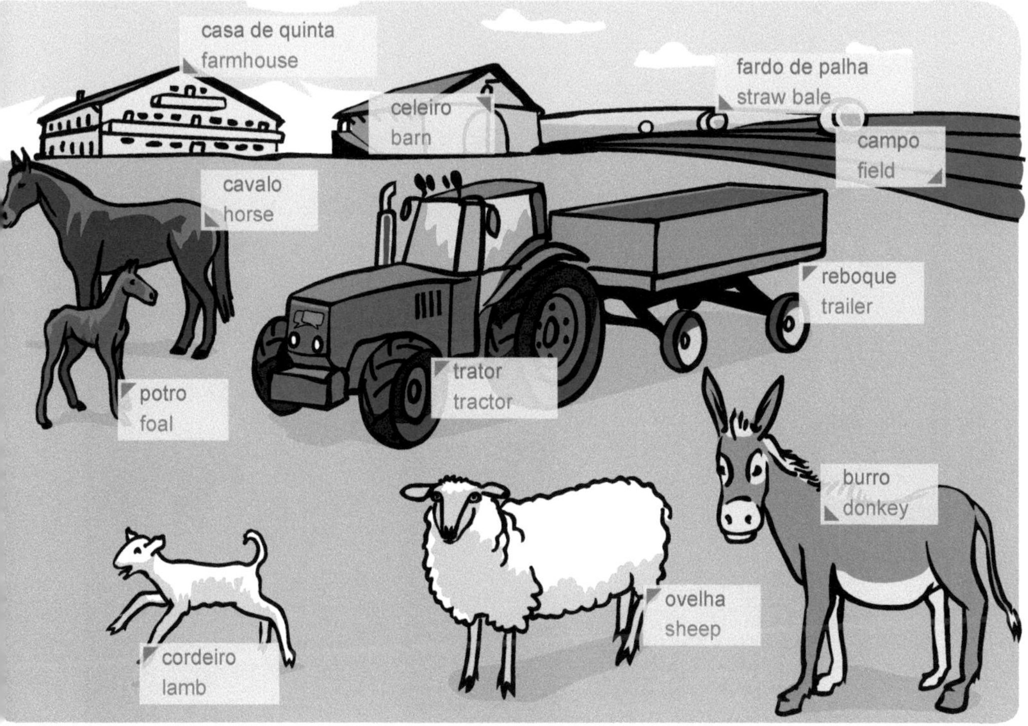
casa de quinta
farmhouse
celeiro
barn
fardo de palha
straw bale
campo
field
cavalo
horse
reboque
trailer
trator
tractor
potro
foal
burro
donkey
ovelha
sheep
cordeiro
lamb

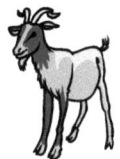

cabra

goat

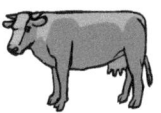

vaca

cow

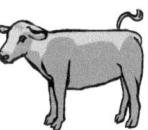

bezerro

calf

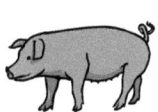

porco

pig

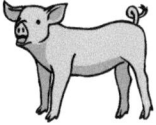

leitão

piglet

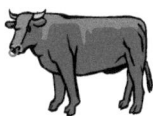

touro

bull

ganso

goose

pato

duck

pintaínho

chick

galinha

hen

galo

cock

ratazana

rat

gato

cat

rato

mouse

boi

ox

cão

dog

casota

doghouse

mangueira de jardim

garden hose

regador

watering can

foice

scythe

arado

plough

foice

sickle

enxada

hoe

forquilha

pitchfork

machado

axe

carrinho de mão

wheelbarrow

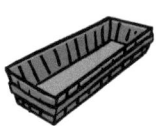

manjedoura

trough

jarro de leite

milk can

saco

sack

cerca

fence

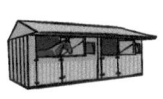

estábulo

stable

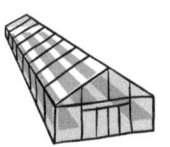

estufa

greenhouse

solo

soil

semente

seed

fertilizante

fertilizer

ceifeira-debulhadora

combine harvester

colher

harvest

colheita

harvest

inhame

yams

trigo

wheat

soja

soy

batata

potato

milho

corn

colza

rapeseed

árvore de fruto

fruit tree

mandioca

cassava

cereais

cereals

casa

house

chaminé
chimney
telhado
roof
caleira
drainpipe
janela
window
garagem
garage
campainha da porta
doorbell
porta
door
balde do lixo
rubbish bin
caixa de correio
letterbox
jardim
garden

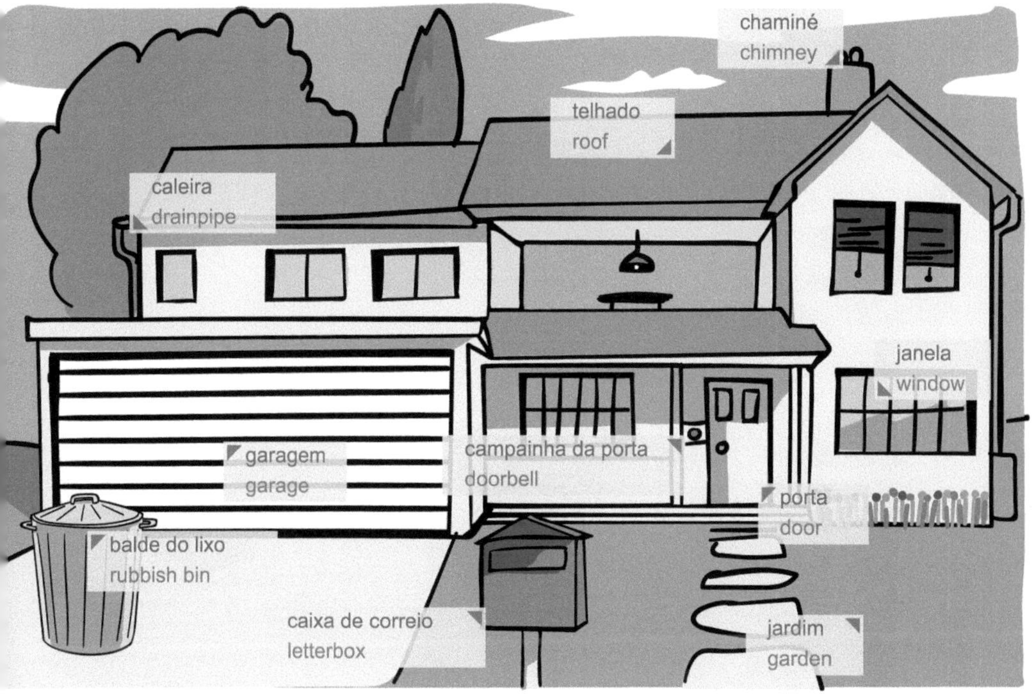

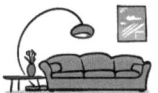

sala de estar

living room

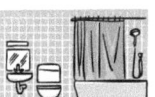

casa de banho

bathroom

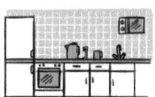

cozinha

kitchen

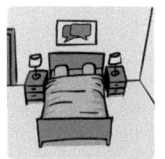

quarto de dormir

bedroom

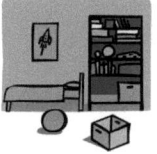

quarto de criança

child's room

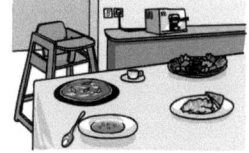

sala de jantar

dining room

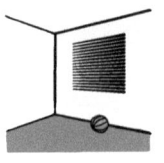

chão

floor

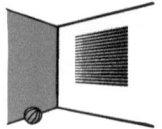

parede

wall

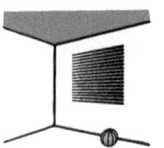

teto

ceiling

cave

cellar

sauna

sauna

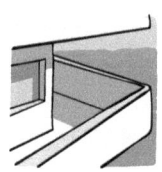

varanda

balcony

terraço

terrace

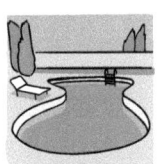

piscina

pool

máquina de cortar relvado

lawn mower

lençol

sheet

cobertor

bedspread

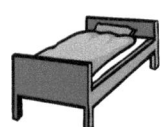

cama

bed

vassoura

broom

balde

bucket

interruptor

switch

sala de estar
living room

papel de parede
wallpaper
imagem
picture
lâmpada
lamp
prateleira
shelf
armário
cupboard
televisão
television
lareira
fireplace
flor
flower
almofada
cushion
sofá
sofa
vaso
vase
controlo remoto
remote control

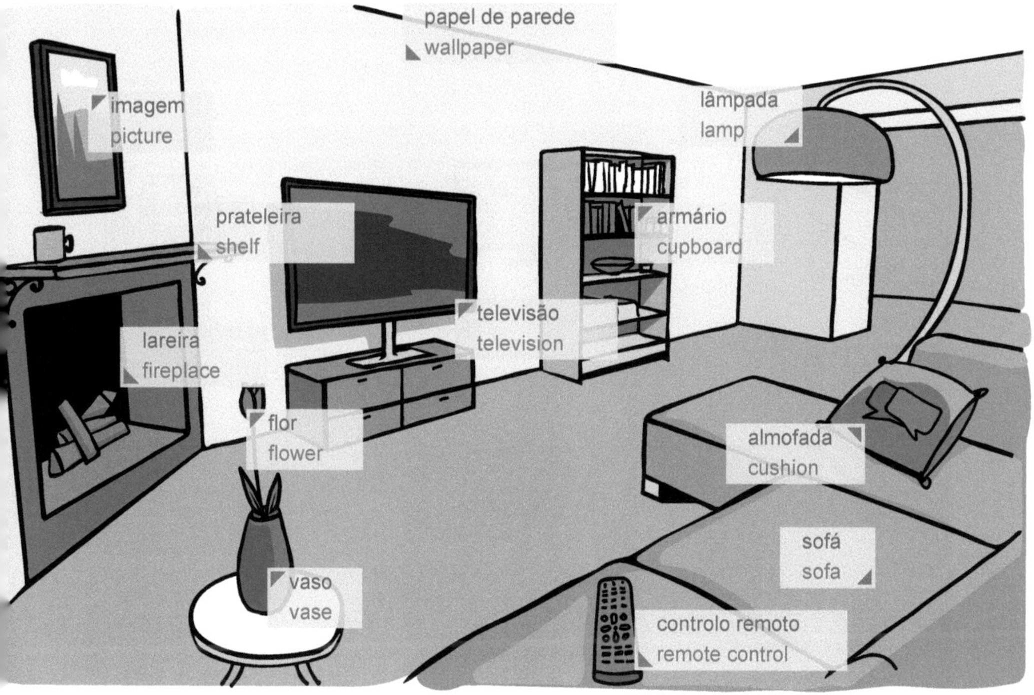

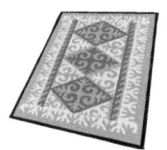

tapete

carpet

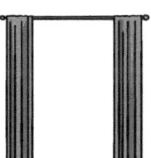

cortina

curtain

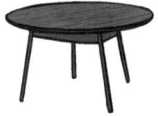

mesa

table

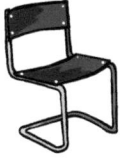

cadeira

chair

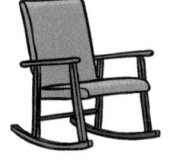

cadeira de baloiço

rocking chair

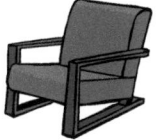

poltrona

armchair

livro

book

cobertor

blanket

decoração

decoration

lenha

firewood

filme

film

sistema estéreo

hi-fi equipment

chave

key

jornal

newspaper

pintura

painting

póster

poster

rádio

radio

bloco de notas

notepad

aspirador

hoover

cato

cactus

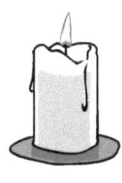

vela

candle

cozinha
kitchen

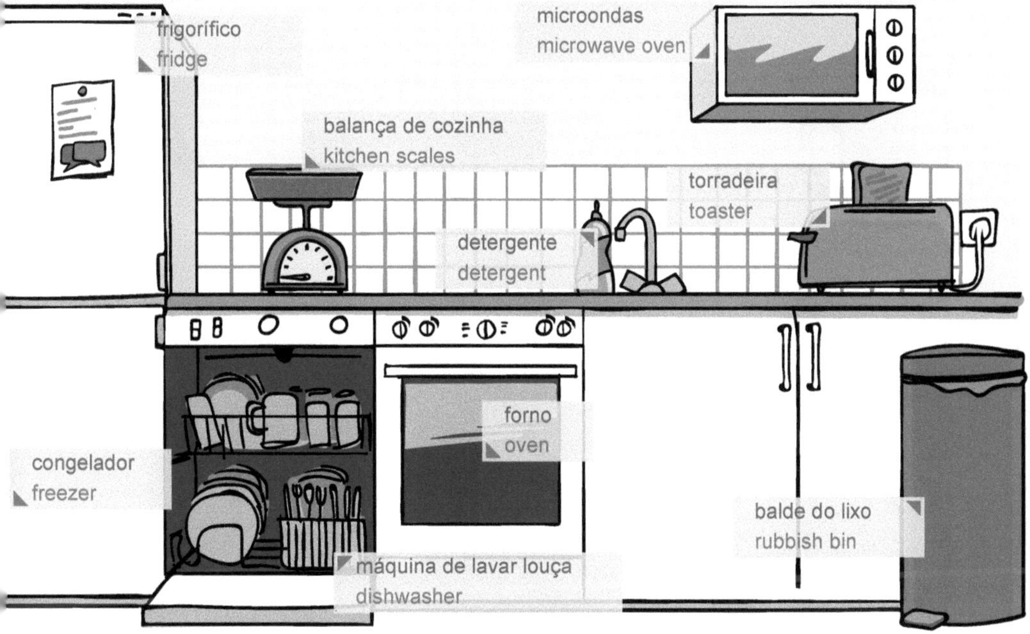
frigorífico
fridge
microondas
microwave oven
balança de cozinha
kitchen scales
torradeira
toaster
detergente
detergent
forno
oven
congelador
freezer
balde do lixo
rubbish bin
máquina de lavar louça
dishwasher

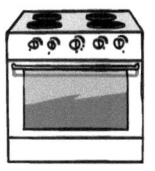

fogão
cooker

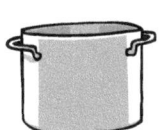

panela
pot

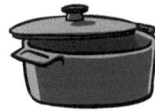

panela de ferro
cast-iron pot

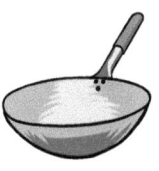

wok / kadai
wok / kadai

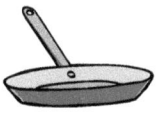

frigideira
pan

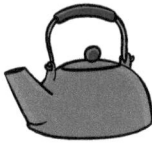

chaleira
kettle

panela a vapor

steamer

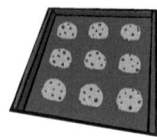

tabuleiro de forno

baking tray

louça

crockery

caneca

mug

tigela

bowl

pauzinhos

chopsticks

concha de sopa

ladle

espátula

spatula

batedor de claras

whisk

escorredor

strainer

peneira

sieve

ralador

grater

almofariz

mortar

churrasqueira

barbecue

lareira

open fire

tábua de cortar

chopping board

rolo da massa

rolling pin

saca-rolhas

corkscrew

lata

can

abridor de latas

can opener

luvas de forno

pot holder

lava-loiça

sink

escova

brush

esponja

sponge

liquidificador

blender

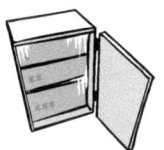

arca frigorífica

deep freezer

biberão

baby bottle

torneira

tap

casa de banho

bathroom

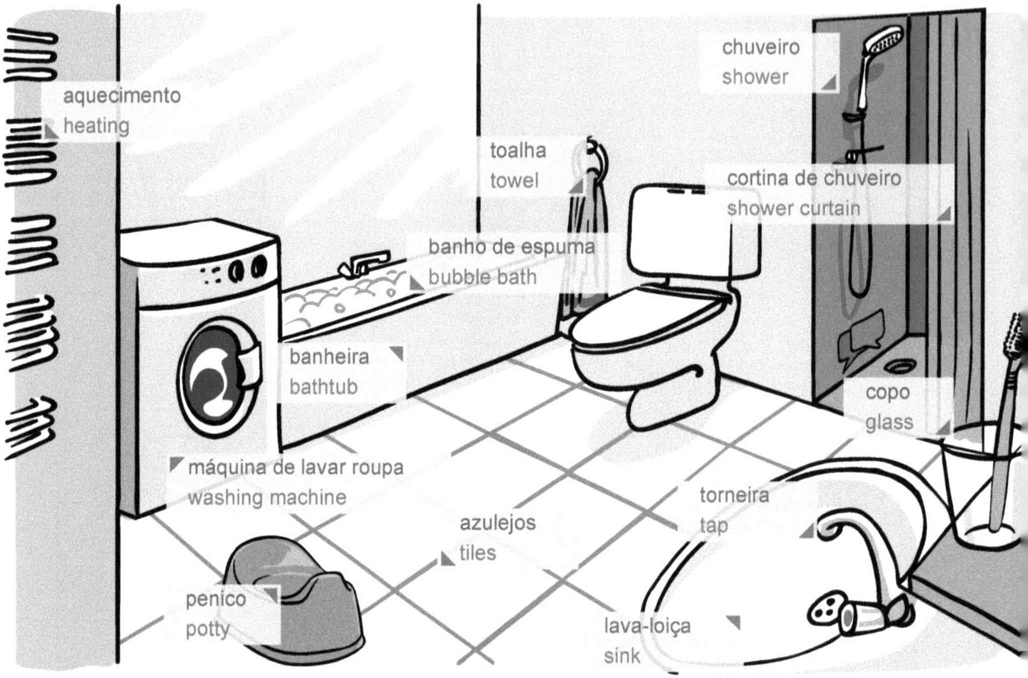
aquecimento
heating
toalha
towel
chuveiro
shower
cortina de chuveiro
shower curtain
banho de espuma
bubble bath
banheira
bathtub
copo
glass
máquina de lavar roupa
washing machine
torneira
tap
azulejos
tiles
penico
potty
lava-loiça
sink

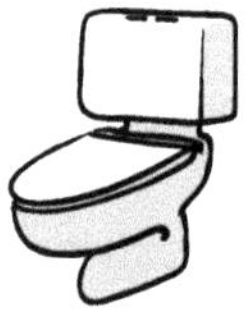

sanita

toilet

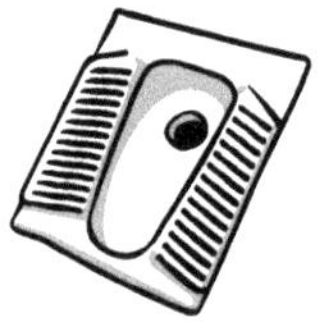

retrete turca

squat toilet

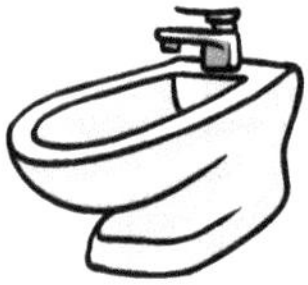

bidé

bidet

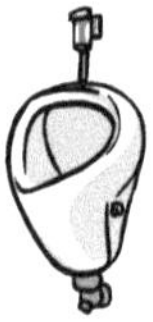

urinol

urinal

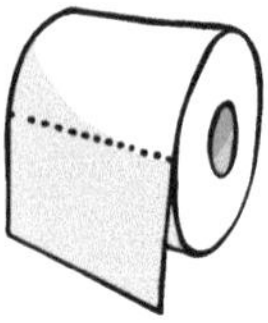

papel higiénico

toilet paper

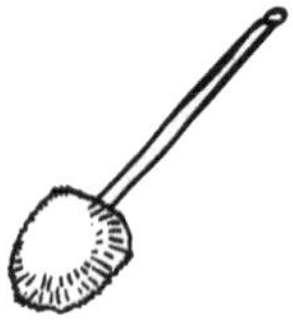

piaçaba

toilet brush

escova de dentes

toothbrush

pasta de dentes

toothpaste

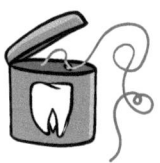

fio dentário

dental floss

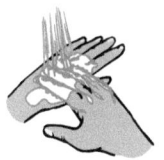

lavar

wash

chuveiro de mão

handheld shower

duche íntimo

douche

bacia

basin

escova para as costas

back brush

sabonete

soap

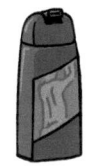

gel de banho

shower gel

champô

shampoo

toalha de rosto

flannel

escoamento

drain

creme

cream

desodorizante

deodorant

espelho

mirror

espelho de mão

hand mirror

máquina de barbear

razor

creme de barbear

shaving foam

loção pós-barba

aftershave

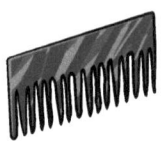

pente

comb

escova

brush

secador de cabelo

hair dryer

spray de cabelo

hairspray

maquilhagem

makeup

batom

lipstick

verniz de unhas

nail varnish

algodão

cotton wool

tesoura para unhas

nail scissors

perfume

perfume

nécessaire

washbag

tamborete

stool

balança

weighing scale

roupão de banho

bathrobe

luvas de borracha

rubber gloves

tampão

tampon

penso higiénico

sanitary towel

WC químico

chemical toilet

quarto de criança

child's room

despertador
alarm clock
peluche
cuddly toy
carro de brincar
toy car
chocalho
rattle
casa de bonecas
doll's house
presente
present

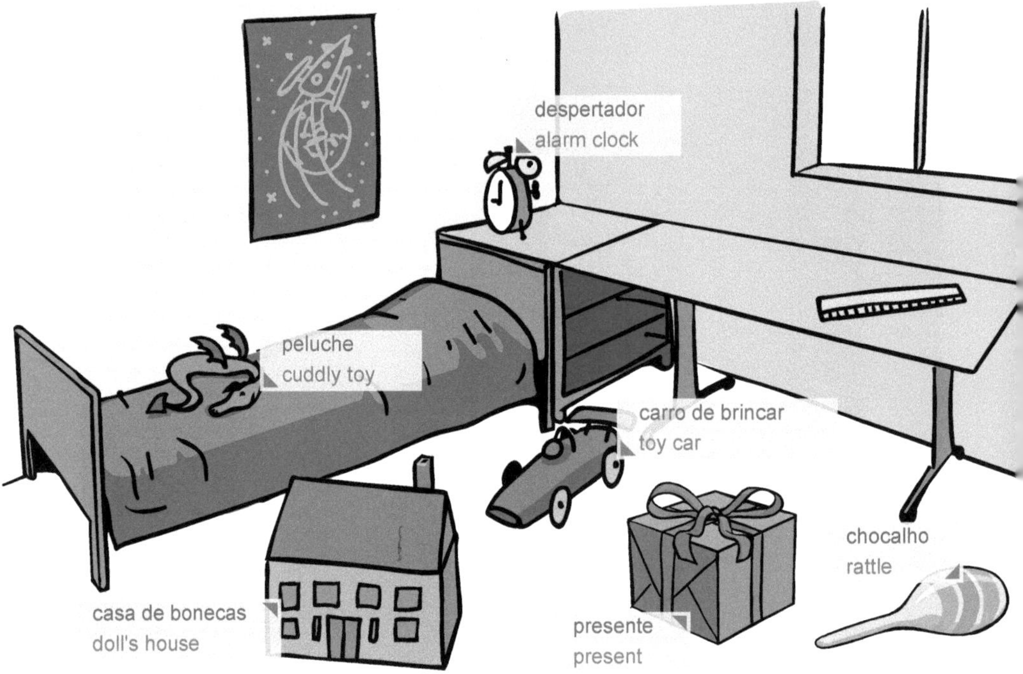

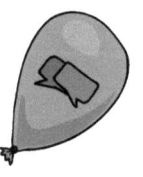

balão

balloon

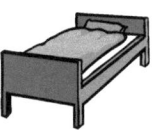

cama

bed

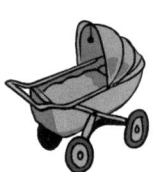

carrinho de bebé

pram

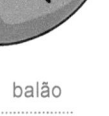

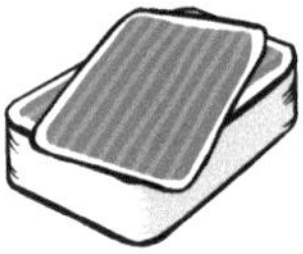

jogo de cartas

deck of cards

quebra-cabeças

jigsaw

SUPER
MEGA

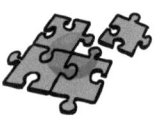

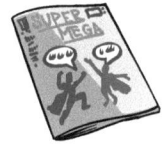

banda desenhada

comic

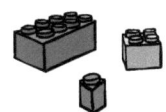

peças de Lego

lego bricks

blocos de construção

building blocks

figura de ação

action figure

fato de bebé

babygrow

Frisbee

frisbee

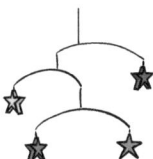

móbile para bebé

mobile

jogo de tabuleiro

board game

dados

dice

pista de comboio elétrico

model train set

chupeta

dummy

festa

party

livro ilustrado

picture book

bola

ball

boneca

doll

jogar

play

caixa de areia
sandpit

baloiço
swing

brinquedos
toys

consola de jogos
video game console

triciclo
tricycle

ursinho de peluche
teddy bear

guarda-roupa
wardrobe

vestuário
clothing

meias
socks

meias pelo joelho
stockings

meias-calças
tights

cachecol
scarf

guarda-chuva
umbrella

t-shirt
t-shirt

cinto
belt

botas
boots

chinelos
slippers

sapatilhas
trainers

| sandálias | sapatos | botas de borracha |
| sandals | shoes | rubber boots |

| cuecas | sutiã | camisola interior |
| underpants | bra | vest |

body

body

calças

trousers

calças de ganga

jeans

saia

skirt

blusa

blouse

camisa

shirt

pulôver

pullover

camisola com capuz

hoodie

blazer

blazer

casaco

jacket

manto

coat

gabardina

raincoat

traje

costume

vestido

dress

vestido de casamento

wedding dress

fato

suit

camisa de dormir

nightgown

pijama

pyjamas

sari

sari

lenço de cabeça

headscarf

turbante

turban

burca

burqa

cafetã

kaftan

abaya

abaya

fato de banho

swimsuit

calções de banho

trunks

calções

shorts

fato de treino

tracksuit

avental

apron

luvas

gloves

vestuário - clothing

botão

button

óculos

glasses

pulseira

bracelet

colar

necklace

anel

ring

brinco

earring

boné

cap

cabide

coat hanger

chapéu

hat

gravata

tie

fecho de correr

zip

capacete

helmet

suspensórios

braces

uniforme escolar

school uniform

uniforme

uniform

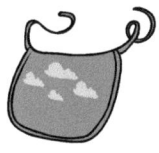

babete

bib

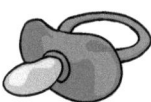

chupeta

dummy

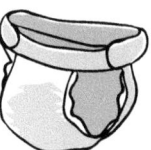

fralda

nappy

escritório

office

servidor
server
armário de arquivo
filing cabinet
impressora
printer
papel
paper
ecrã
monitor
rato
mouse
secretária
desk
pasta
folder
teclado
keyboard
cesto de lixo
waste-paper basket
computador
computer
cadeira
chair

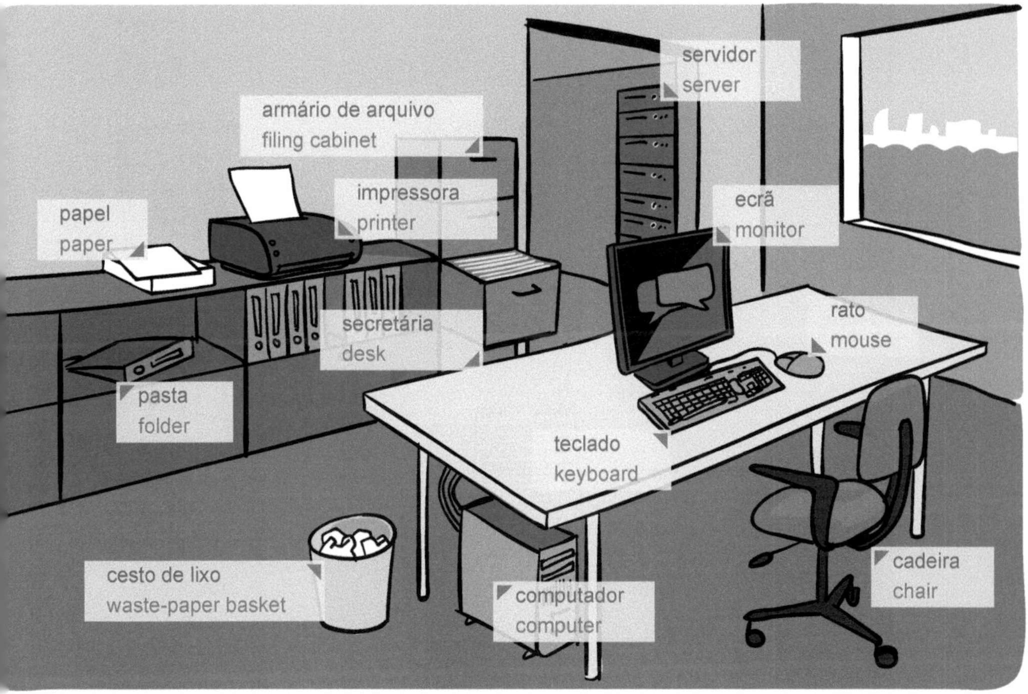

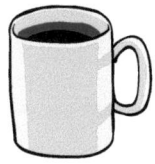

caneca de café

coffee mug

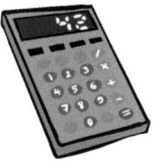

calculadora

calculator

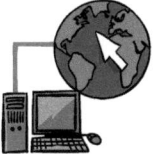

internet

internet

computador portátil

laptop

carta

letter

mensagem

message

telemóvel

mobile

rede

network

fotocopiadora

photocopier

software

software

telefone

telephone

tomada elétrica

plug socket

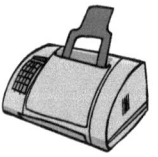

fax

fax machine

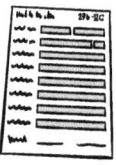

formulário

form

documento

document

comprar

buy

pagar

pay

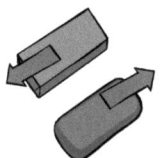

negociar

trade

dinheiro

money

USD

dólar

dollar

EUR

euro

euro

JPY

yen

yen

RUB

rublo

rouble

CHF

franco suíço

Swiss franc

CNY

renminbi yuan

renminbi yuan

INR

rupia

rupee

caixa de multibanco

cashpoint

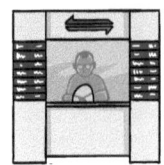

casa de câmbio

bureau de change

ouro

gold

prata

silver

petróleo

oil

energia

energy

preço

price

contrato

contract

imposto

tax

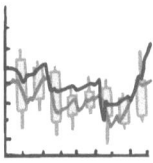

ação

stock

trabalhar

work

empregado

employee

entidade patronal

employer

fábrica

factory

loja

shop

profissões
occupations

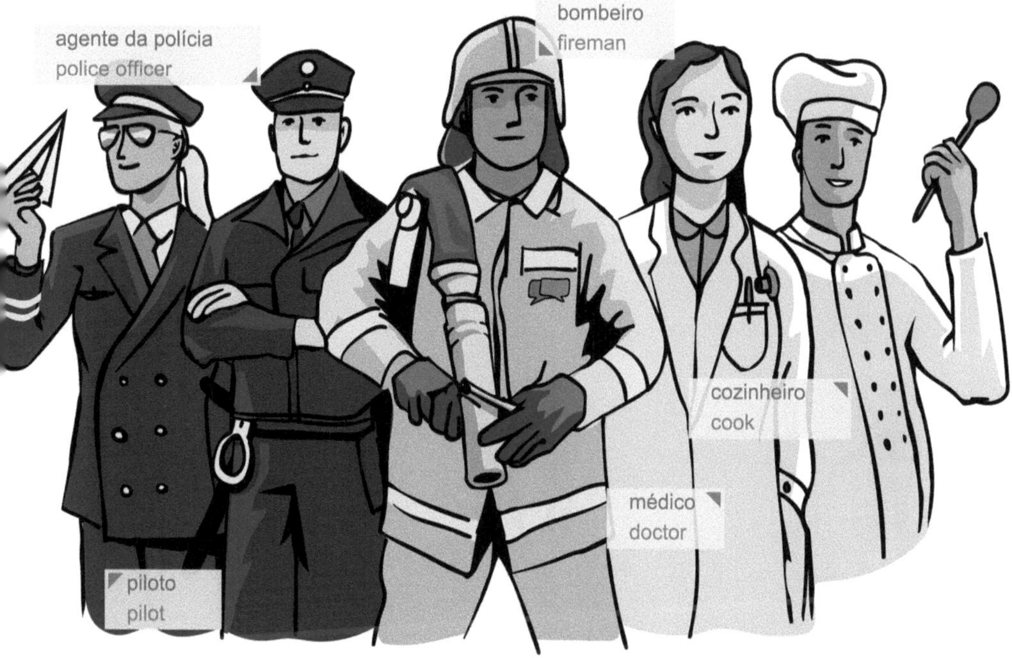

agente da polícia
police officer
bombeiro
fireman
cozinheiro
cook
médico
doctor
piloto
pilot

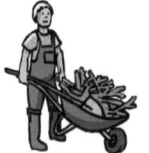

jardineiro

gardener

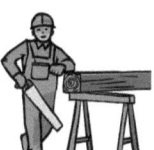

carpinteiro

carpenter

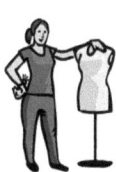

costureira

seamstress

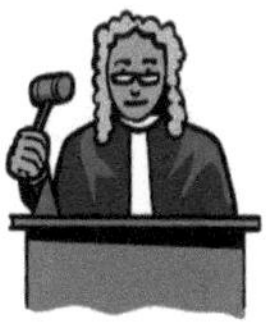

juiz

judge

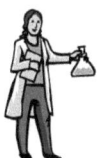

químico

chemist

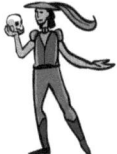

ator

actor

motorista de autocarro

bus driver

motorista de táxi

taxi driver

pescador

fisherman

empregada de limpeza

cleaning lady

telhador

roofer

empregado de mesa

waiter

caçador

hunter

pintor

painter

padeiro

baker

eletricista

electrician

construtor

builder

engenheiro

engineer

talhante

butcher

canalizador

plumber

carteiro

postman

soldado

soldier

arquiteto

architect

caixa

cashier

florista

florist

cabeleireiro

hairdresser

controlador de bilhetes

conductor

mecânico

mechanic

capitão

captain

dentista

dentist

cientista

scientist

rabino

rabbi

imã

imam

monge

monk

pastor

clergyman

ferramentas
tools

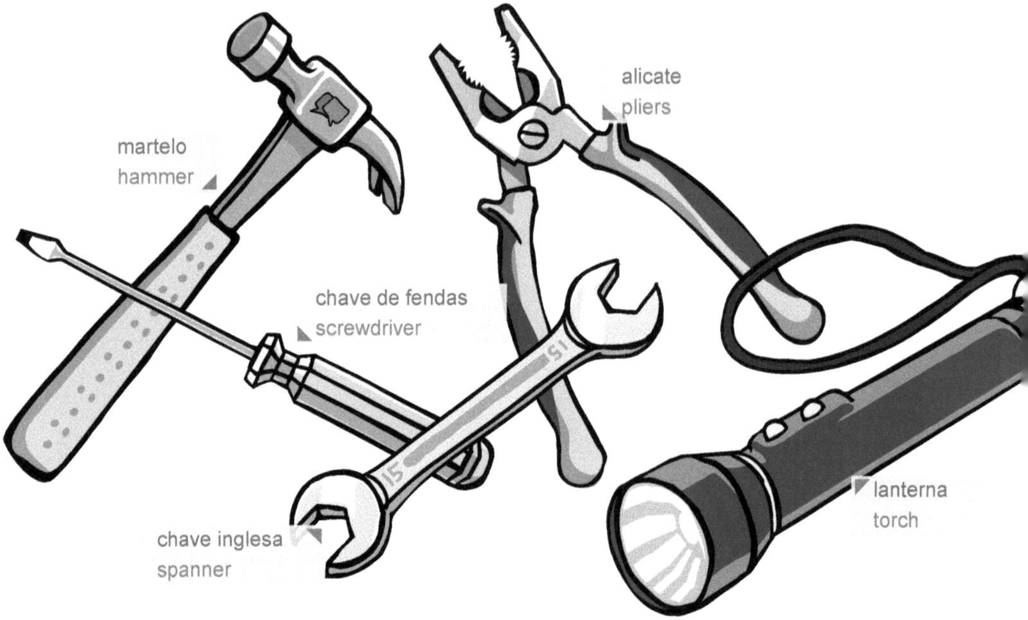
martelo
hammer
alicate
pliers
chave de fendas
screwdriver
chave inglesa
spanner
lanterna
torch

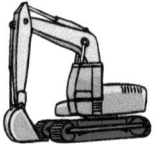

escavadora

digger

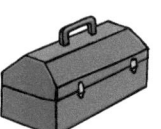

caixa de ferramentas

toolbox

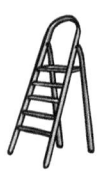

escadote

ladder

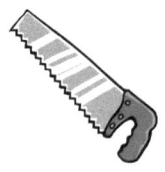

serra

saw

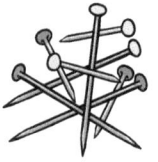

pregos

nails

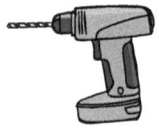

broca

drill

reparar
repair

pá
shovel

porcaria!
Damn!

pá de lixo
dustpan

pote de tinta
paint pot

parafusos
screws

instrumentos musicais
musical instruments

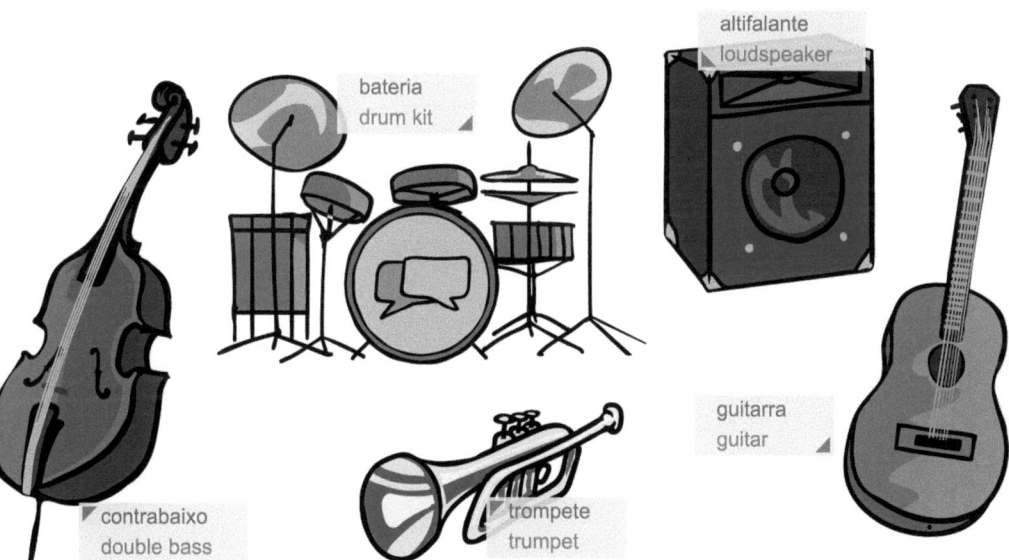

bateria
drum kit

altifalante
loudspeaker

guitarra
guitar

contrabaixo
double bass

trompete
trumpet

piano
piano

violino
violin

baixo
bass

timbales
timpani

tambor
drums

teclado
keyboard

saxofone
saxophone

flauta
flute

microfone
microphone

instrumentos musicais - musical instruments

jardim zoológico

zoo

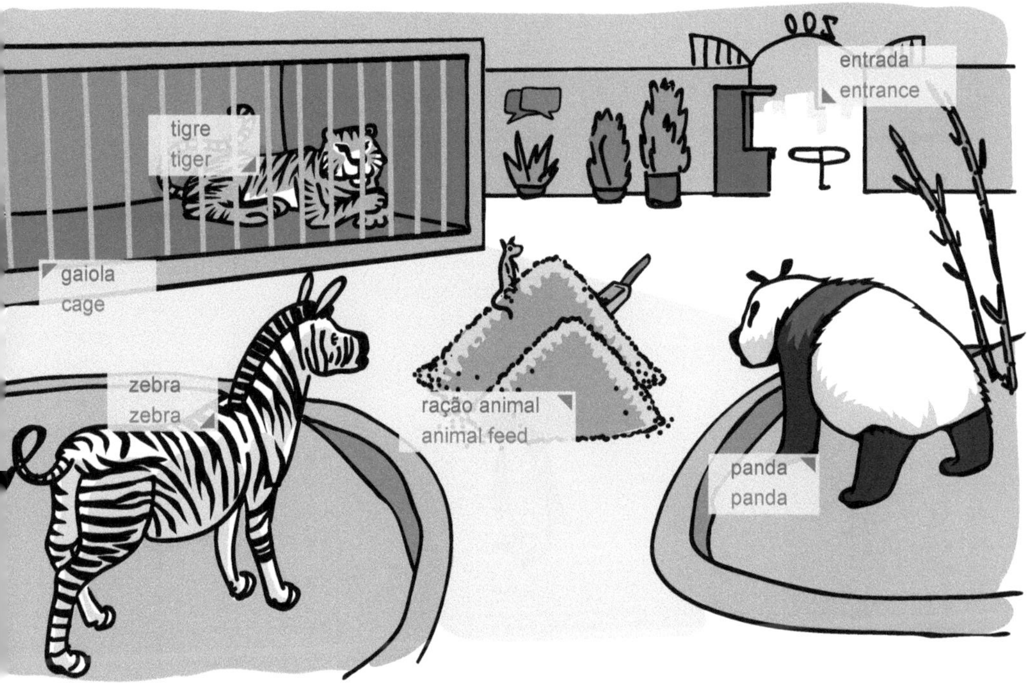

tigre
tiger
gaiola
cage
zebra
zebra
ração animal
animal feed
entrada
entrance
panda
panda

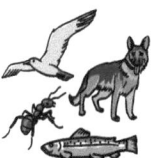

animais

animals

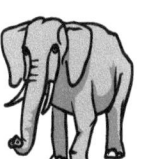

elefante

elephant

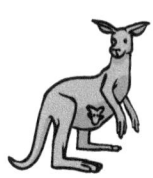

canguru

kangaroo

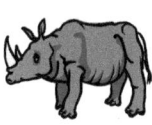

rinoceronte

rhino

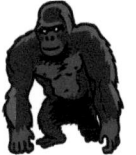

gorila

gorilla

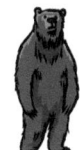

urso

bear

camelo

camel

avestruz

ostrich

leão

lion

macaco

monkey

flamingo

flamingo

papagaio

parrot

urso polar

polar bear

pinguim

penguin

tubarão

shark

pavão

peacock

cobra

snake

crocodilo

crocodile

guarda do jardim zoológico

zookeeper

foca

seal

jaguar

jaguar

pónei
pony

leopardo
leopard

hipopótamo
hippo

girafa
giraffe

águia
eagle

javali
boar

peixe
fish

tartaruga
turtle

morsa
walrus

raposa
fox

gazela
gazelle

futebol americano
American football

ciclismo
cycling

ténis
tennis

basquetebol
basketball

natação
swimming

hóquei no gelo
ice hockey

boxe
boxing

futebol
football

badminton
badminton

atletismo
athletics

andebol
handball

esqui
skiing

polo
polo

atividades

activities

saltar
jump
abraçar
hug
rir
laugh
andar
walk
cantar
sing
sonhar
dream
rezar
pray
beijar
kiss

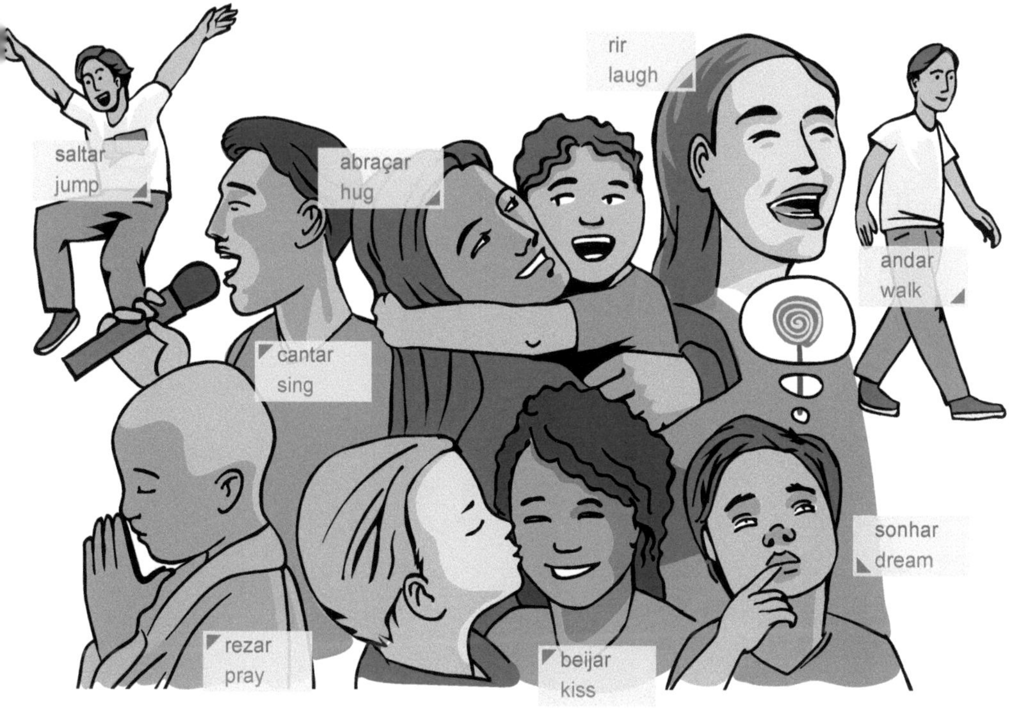

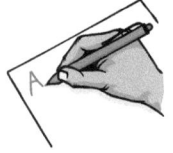

escrever

write

desenhar

draw

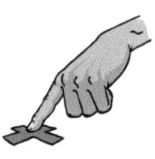

mostrar

show

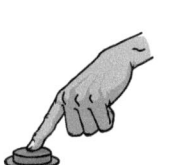

empurrar

push

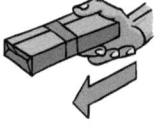

dar

give

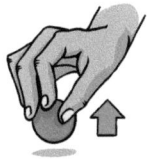

tomar

take

ter
have

fazer
do

ser
be

ficar de pé
stand

correr
run

puxar
pull

remessar
throw

cair
fall

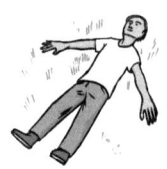

deitar
lie

esperar
wait

carregar
carry

sentar
sit

vestir
get dressed

dormir
sleep

acordar
wake up

olhar para
look at

chorar
cry

acariciar
stroke

pentear
comb

falar
talk

compreender
understand

perguntar
ask

ouvir
listen

beber
drink

comer
eat

arrumar
tidy up

amar
love

cozinhar
cook

conduzir
drive

voar
fly

velejar

sail

calcular

calculate

ler

read

aprender

learn

trabalhar

work

casar

marry

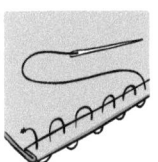

costurar

sew

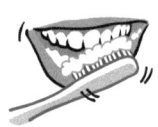

escovar os dentes

brush teeth

matar

kill

fumar

smoke

enviar

send

avó
grandmother

avô
grandfather

pai
father

mãe
mother

bebé
baby

filha
daughter

filho
son

convidado

guest

tia

aunt

tio

uncle

irmão

brother

irmã

sister

corpo
body

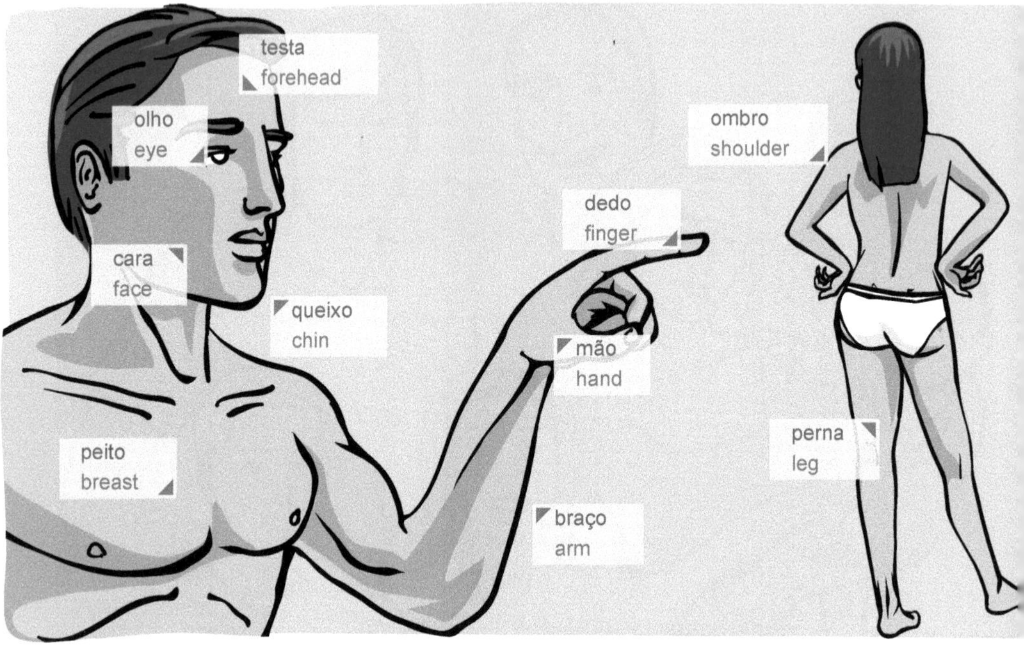

testa
forehead

olho
eye

ombro
shoulder

dedo
finger

cara
face

queixo
chin

mão
hand

peito
breast

perna
leg

braço
arm

bebé

baby

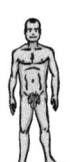

homem

man

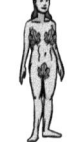

mulher

woman

menina

girl

menino

boy

cabeça

head

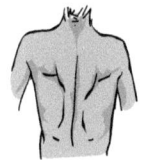

costas

back

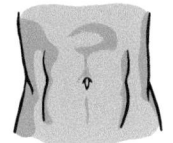

barriga

belly

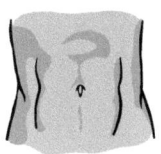

umbigo

belly button

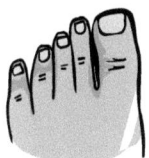

dedo do pé

toe

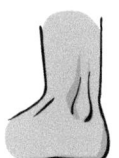

calcanhar

heel

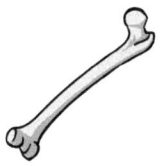

osso

bone

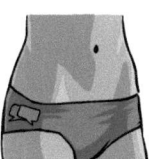

anca

hip

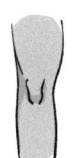

joelho

knee

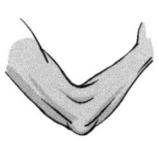

cotovelo

elbow

nariz

nose

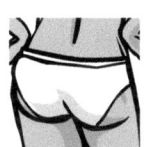

nádegas

bottom

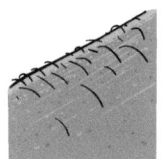

pele

skin

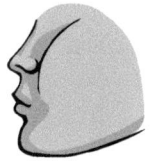

bochecha

cheek

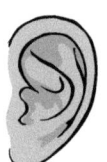

orelha

ear

lábio

lip

corpo - body

boca

mouth

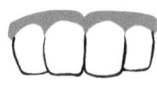

dente

tooth

língua

tongue

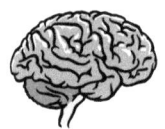

cérebro

brain

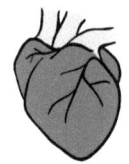

coração

heart

músculo

muscle

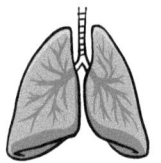

pulmão

lung

fígado

liver

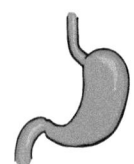

estômago

stomach

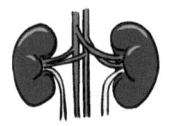

rins

kidneys

relações sexuais

sex

preservativo

condom

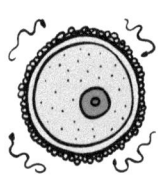

óvulo

ovum

esperma

semen

gravidez

pregnancy

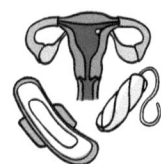

menstruação

menstruation

vagina

vagina

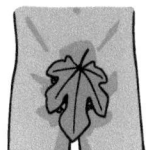

pénis

penis

sobrancelha

eyebrow

cabelo

hair

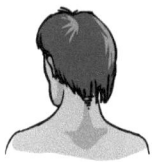

pescoço

neck

hospital
hospital

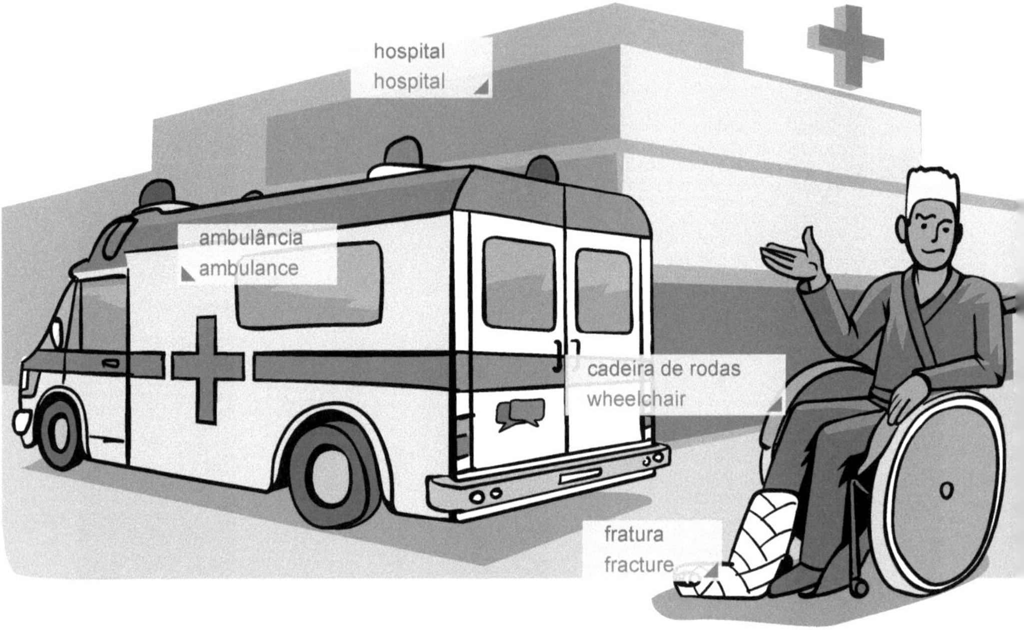

hospital
hospital
ambulância
ambulance
cadeira de rodas
wheelchair
fratura
fracture

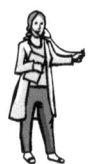

médico
doctor

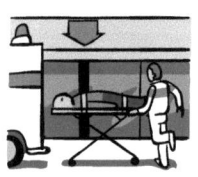

serviço de urgências
emergency room

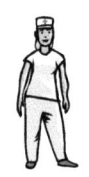

enfermeira
nurse

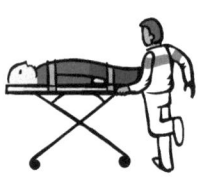

emergência
emergency

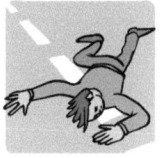

inconsciente
unconscious

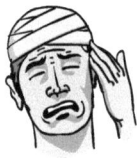

dor
pain

ferimento

injury

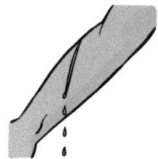

hemorragia

bleeding

ataque cardíaco

heart attack

acidente vascular cerebral

stroke

alergia

allergy

tosse

cough

febre

fever

gripe

flu

diarreia

diarrhoea

dor de cabeça

headache

cancro

cancer

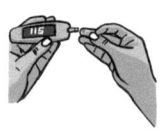

diabetes

diabetes

cirurgião

surgeon

bisturi

scalpel

operação

operation

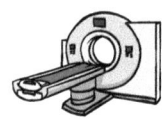

CT
CT

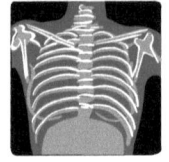

raio x
x-ray

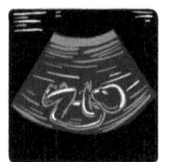

ultrassom
ultrasound

máscara
face mask

doença
disease

sala de espera
waiting room

muleta
crutch

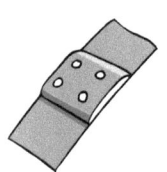

penso rápido
plaster

ligadura
bandage

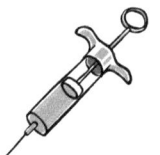

injeção
injection

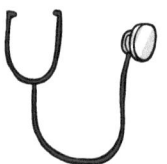

estetoscópio
stethoscope

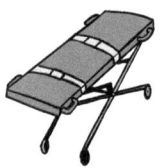

maca
stretcher

termómetro
clinical thermometer

nascimento
birth

excesso de peso
overweight

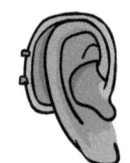

aparelho auditivo

hearing aid

desinfetante

disinfectant

infeção

infection

vírus

virus

HIV / SIDA

HIV / AIDS

medicamento

medicine

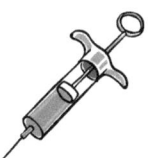

vacinação

vaccination

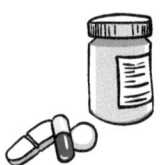

comprimidos

tablets

pílula

pill

chamada de emergência

emergency call

dispositivo de medição de pressão arterial

blood pressure monitor

doente / saudável

ill / healthy

Socorro!

Help!

alarme

alarm

assalto

assault

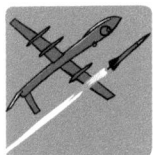

ataque

attack

perigo

danger

saída de emergência

emergency exit

Fogo!

Fire!

extintor de incêndios

fire extinguisher

acidente

accident

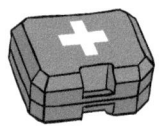

estojo de primeiros socorros

first-aid kit

SOS

SOS

polícia

police

Europa

Europe

América do Norte

North America

América do Sul

South America

África

Africa

Ásia

Asia

Austrália

Australia

Atlântico

Atlantic

Pacífico

Pacific

Oceano Índico

Indian Ocean

Oceano Antártico

Antarctic Ocean

Oceano Ártico

Arctic Ocean

Polo Norte

North Pole

Polo Sul

South Pole

Antártica

Antarctica

terra

Earth

país

land

mar

sea

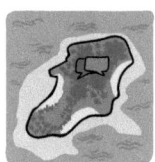

ilha

island

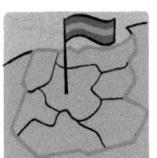

nação

nation

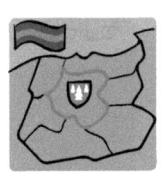

estado

state

terra - Earth

mostrador do relógio

clock face

ponteiro das horas

hour hand

ponteiro dos minutos

minute hand

ponteiro dos segundos

second hand

Que horas são?

What time is it?

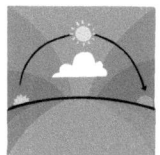

dia

day

tempo

time

agora

now

relógio digital

digital watch

minuto

minute

hora

hour

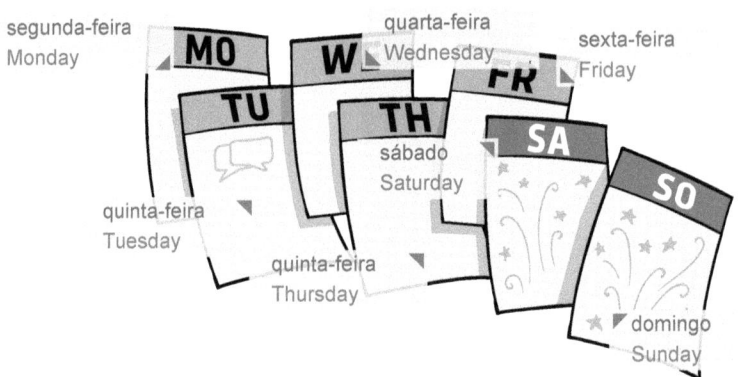

segunda-feira
Monday

quarta-feira
Wednesday

sexta-feira
Friday

quinta-feira
Tuesday

sábado
Saturday

quinta-feira
Thursday

domingo
Sunday

ontem

yesterday

hoje

today

amanhã

tomorrow

manhã

morning

meio-dia

noon

entardecer

evening

MO	TU	WE	TH	FR	SA	SU
1	2	3	4	5	6	7
8	9	10	11	12	13	14
15	16	17	18	19	20	21
22	23	24	25	26	27	28
29	30	31	1	2	3	4

dias úteis

business days

MO	TU	WE	TH	FR	SA	SU
1	2	3	4	5	6	7
8	9	10	11	12	13	14
15	16	17	18	19	20	21
22	23	24	25	26	27	28
29	30	31	1	2	3	4

fim de semana

weekend

chuva
rain

arco-íris
rainbow

vento
wind

neve
snow

primavera
spring

outono
autumn

verão
summer

inverno
winter

4.APRIL	11°	☀
5.APRIL	4°	☂
6.APRIL	13°	☂
7.APRIL	8°	❄
8.APRIL	10°	☀

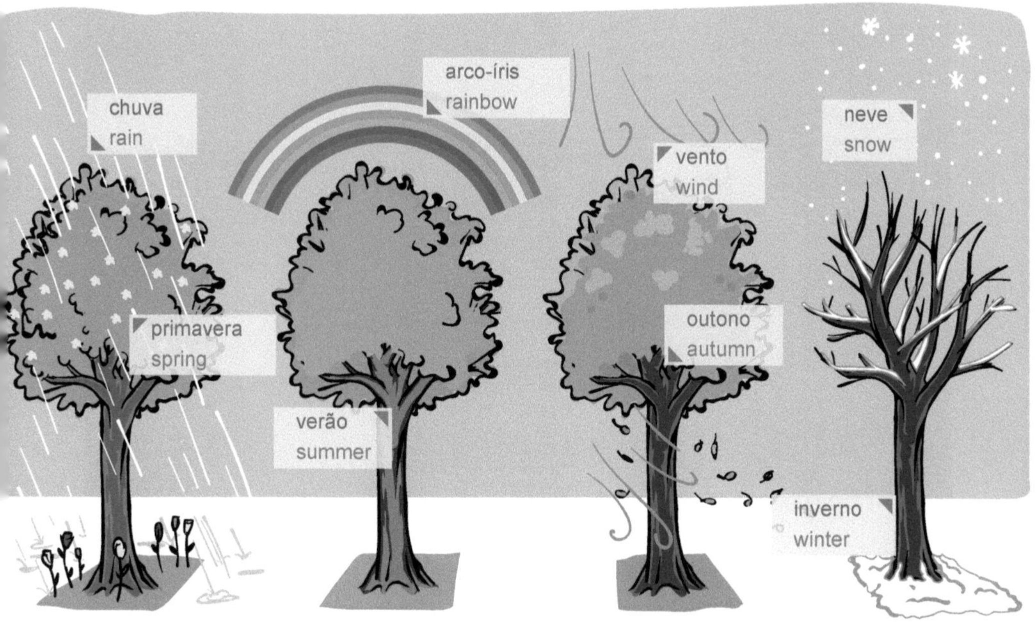

previsão do tempo
....
weather forecast

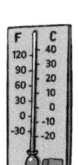

termómetro
....
thermometer

raios de sol
....
sunshine

nuvem
....
cloud

neblina / nevoeiro
....
fog

humidade do ar
....
humidity

relâmpago

lightning

trovão

thunder

tempestade

storm

granizo

hail

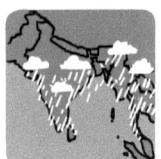

monção

monsoon

inundação

flood

gelo

ice

janeiro

January

fevereiro

February

março

March

abril

April

maio

May

junho

June

julho

July

agosto

August

ano - year

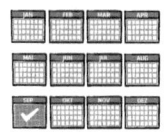

setembro

September

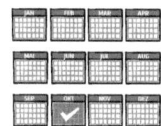

outubro

October

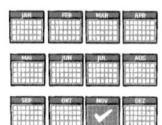

novembro

November

dezembro

December

formas

shapes

círculo

circle

quadrado

square

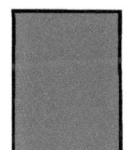

retângulo

rectangle

triângulo

triangle

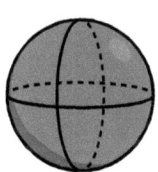

esfera

sphere

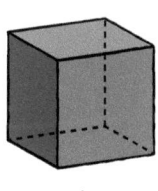

cubo

cube

cores
colours

branco

white

amarelo

yellow

laranja

orange

rosa

pink

vermelho

red

lilás

purple

azul

blue

verde

green

castanho

brown

cinzento

grey

preto

black

muito / pouco

a lot / a little

furioso / calmo

angry / calm

lindo / feio

beautiful / ugly

princípio / fim

beginning / end

grande / pequeno

big / small

claro / escuro

bright / dark

irmão / irmã

brother / sister

limpo / sujo

clean / dirty

completo / incompleto

complete / incomplete

dia / noite

day / night

morto / vivo

dead / alive

largo / estreito

wide / narrow

comestível / não comestível

edible / inedible

mau / gentil

evil / kind

entusiasmado / entediado

excited / bored

gordo / magro

fat / thin

primeiro / último

first / last

amigo / inimigo

friend / enemy

cheio / vazio

full / empty

duro / macio

hard / soft

pesado / leve

heavy / light

fome / sede

hunger / thirst

doente / saudável

ill / healthy

ilegal / legal

illegal / legal

inteligente / burro

intelligent / stupid

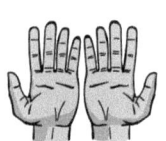

esquerda / direita

left / right

perto / longe

near / far

novo / usado

new / used

nada / algo

nothing / something

velho / jovem

old / young

ligado / desligado

on / off

aberto / fechado

open / closed

baixo / alto

quiet / loud

rico / pobre

rich / poor

certo / errado

right / wrong

áspero / liso

rough / smooth

triste / feliz

sad / happy

curto / longo

short / long

lento / rápido

slow / fast

molhado / seco

wet / dry

ameno / fresco

warm / cool

guerra / paz

war / peace

opostos - opposites

números

numbers

0

zero

zero

1

um

one

2

dois

two

3

três

three

4

quatro

four

5

cinco

five

6

seis

six

7

sete

seven

8

oito

eight

9

nove

nine

10

dez

ten

11

onze

eleven

12

doze

twelve

13

treze

thirteen

14

catorze

fourteen

15

quinze

fifteen

16

dezasseis

sixteen

17

dezassete

seventeen

18

dezoito

eighteen

19

dezanove

nineteen

20

vinte

twenty

100

cem

hundred

1.000

mil

thousand

1.000.000

milhão

million

inglês

English

inglês americano

American English

chinês mandarim

Chinese Mandarin

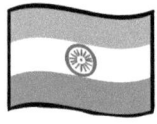

hindi

Hindi

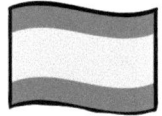

espanhol

Spanish

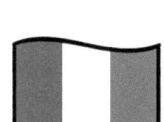

francês

French

árabe

Arabic

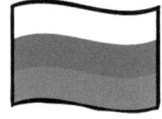

russo

Russian

português

Portuguese

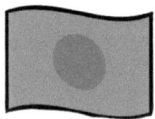

bengalês

Bengali

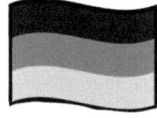

alemão

German

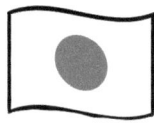

japonês

Japanese

eu

I

tu

you

ele / ela

he / she / it

nós

we

vós

you

eles / elas

they

quem?

who?

o quê?

what?

como?

how?

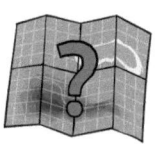

onde?

where?

quando?

when?

nome

name

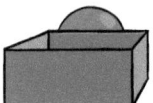

atrás

behind

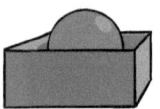

em

in

à frente de

in front of

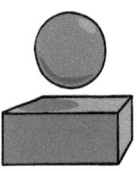

sobre

over

em cima

on

debaixo

under

ao lado

beside

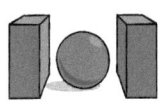

entre

between

lugar

place